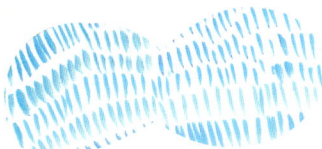

KB243691

사랑하는 _____ 에게

 **지은이**

박소명 어린 시절 내내 들판과 숲 속을 뛰어다니며 키운 감성으로 시와 동시를 쓰는 오늘의 동시문학상 수상 작가입니다. 「나도 알을 품었어」로 동아일보 신춘문예에 당선되어 동화도 함께 쓰고 있습니다. 17년 동안 주일학교 교사로 활동하고 있으며 과천 한마음센터에서 어린이들에게 글쓰기를 가르치고 있습니다. 지은 책으로는 「산기차 강기차」, 「빗방울의 더하기」, 「누구 빵이 더 맛있을까?」 등이 있습니다.

손인경 서울에서 태어나 홍콩에서 영국계 교육을 받았습니다. 만 16세에 미국 스탠퍼드 대학에 입학하여 우수한 성적으로 졸업하고 예일 음대 대학원에서 한국인으로서는 최초로 음악 박사학위를 받았습니다. 현재 소마 트리오의 바이올리니스트, 한국페스티발앙상블 단원이며 연세대학교와 한국예술종합학교에 출강하고 온누리사랑챔버의 지휘자로 활동하고 있습니다.

 **그린이**

온누리사랑챔버 강소현, 김동호, 김세영, 김어령, 노경진, 박혜신, 연제민, 이상용, 이지영, 최미애

이데레사(미술 지도) 국립현대미술관에서 청소년감상교육과 교사를 위한 감상집 교재를 개발하고 문화관광부 어린이지식문화센터 연구원으로 활동했습니다. 〈친절한 오페라 나비부인〉의 미술감독으로 참여하는 등 공연예술과 연계된 활동도 활발히 하고 있습니다. 1997년부터 지적장애를 가진 챔버 단원 박혜신을 만나 미술 지도를 해오면서 2005년 〈박혜신과 내 친구들〉展을 기획했고, 이번 동화에 참여한 10여 명의 미술지도를 맡았습니다.

 **든든이와 푸름이**

지은이| 박소명, 손인경
그린이| 온누리사랑챔버
펴낸날| 2009. 7. 25.
1판 6쇄 발행| 2025. 10. 1
등록번호| 제302-2007-00009호
등록처| 서울시 용산구 서빙고동 95번지
발행처| 두란노키즈
영업부| 02-2078-3333 Fax 080-749-3705
출판부| 02-2078-3437
ISBN| 978-89-92889-67-4
| 독자의 의견을 기다립니다.

NAVER 카페검색
두란노 ▶ http://cafe.naver.com/durannobook http://www.duranno.com

KiDZ DURANNO 두란노키즈는 두란노서원의 어린이책 전문 브랜드입니다.

튼튼이와 푸름이

지은이 **박소명, 손인경** 그린이 **온누리사랑챔버**

KiDZ
DURANNO

튼실한 나무들은 모두 팔리고
묘목장 구석엔 어린나무 한 그루만 달랑 남았어요.

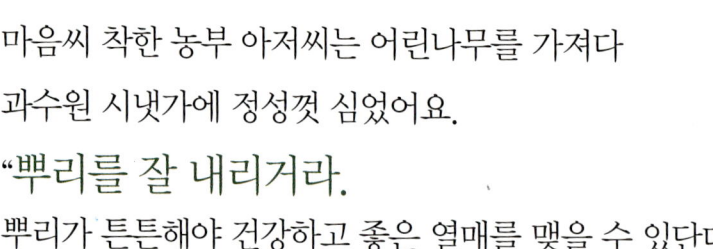

마음씨 착한 농부 아저씨는 어린나무를 가져다
과수원 시냇가에 정성껏 심었어요.
"뿌리를 잘 내리거라.
뿌리가 튼튼해야 건강하고 좋은 열매를 맺을 수 있단다."

옆에 있던 푸름이는 농부 아저씨의 말에
콧방귀를 뀌었어요.
"흥, 저런 못난이 녀석이 좋은 열매를 맺는다고?"

다른 나무들도 한마디씩 놀렸어요.

"너처럼 못생긴 나무는 처음 봐."

"잎이 몇 개밖에 없네!"
"어쩌면 좋니?"

기죽은 어린나무는 작은 소리로 중얼거렸어요.
"나도 멋진 나무가 되고 싶은데……."

지나가던 산들바람이 말했어요.
"애개개, 넌 잎사귀도 없잖아?"

햇빛을 골고루 나누어 주던 해님도 혀를 찼어요.
"쯧쯧, 넌 맛있는 내 빛을 받아먹을 수가 없겠구나!"

"왜 이렇게 힘이 없어?"
어린나무에 느릿느릿 기어오르던 달팽이가 물었어요.

"난 쓸모없는 나무인가 봐."
어린나무는 시무룩하게 말했어요.

"이 세상의 모든 것은 태어난 이유가 있대.
넌 벌써 내게 등을 내어 주었잖아. 힘을 내."
"정말?"
"그럼, 느림보인 나도 마음만 먹으면 어디든지 갈 수 있어.
꿈을 잃지 마.
너도 멋진 나무가 될 수 있을 거야."

달팽이의 말을 들은 어린나무는 가슴이 콩닥콩닥 뛰었어요.

희망이 생긴 어린나무는 기분이 좋아졌어요.

"뭐 좋은 일이라도 있어?"

궁금해진 푸름이가 물었어요.

"달팽이가 그러는데 나도 너처럼 푸른 나무가 될 수 있대."

푸름이는 큰 소리로 웃었어요.

"하하하! 그 느림보 말을 믿어? 물속에 비친 네 모습이나 한번 보시지."

자신의 모습을 본 어린나무는 그만 시무룩해지고 말았어요.

그렇지만 어린나무는 뿌리를 잘 내리라는 농부 아저씨의 말이 생각났어요.
"그래도 한번 해볼 테야!"
어린나무는 몇 잎 되지 않는 작은 잎사귀를 세워 햇빛을 받아먹었어요.
뿌리는 흙 속을 힘껏 파고들어 물과 거름을 빨아들였어요.

"어때? 내 잎사귀 멋지지?"

푸름이는 무성한 잎을 찰랑거렸어요.

"짹짹, 네가 최고야!"

"짹짹짹, 반짝반짝 눈이 부셔!"

새들은 푸름이 잎 사이를 날아다니며 신나게 노래했어요.

농부 아저씨는 뿌리가 잎보다 더 중요하다고 여러 번 말했지만

푸름이는 어느새 잊어버렸어요.

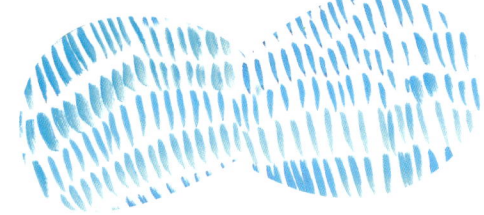

잎이 지고 눈이 오고, 다시 꽃이 피면서 시간이 흘렀어요.

어린나무는 훌쩍 자랐어요.

가지도 제법 뻗고 잎사귀도 많아졌어요.

무엇보다 뿌리가 튼튼해졌답니다.

"네 이름은 이제부터 든든이다."

든든하게 잘 자란 어린나무를 보고 농부 아저씨는 기뻐했어요.

지켜보던 푸름이는 샘이 나서 퉁명스럽게 말했어요.

"칭찬 좀 받았다고 으스대지 마. 그래도 넌 못난이니까."

어느 날 거센 폭풍우가 몰아쳤어요.
"쏴아~"
하늘에 구멍이 난 것처럼 비가 쏟아졌어요.

"번쩍! 우르릉 쿵쾅!"
천둥 번개와 함께 거센 바람이 불었어요.
"휘이이잉!"
세상에 있는 모든 것들이
다 날아가 버릴 것만 같았어요.

"뿌지지직!"

뿌리가 약한 푸름이는 견디다 못해 그만 쓰러지고 말았어요.

하지만 뿌리가 다 뽑히지는 않았어요.

옆에 있던 든든이에게 기댈 수 있었으니까요.

힘겨운 밤이 지나고 아침이 되었어요.
"푸름아! 정신 차려!"
든든이는 걱정이 되었어요.
이대로 푸름이가 죽어 버리면 어쩌나 생각했어요.
"푸름아, 죽으면 안 돼!"
든든이는 애가 타서 소리쳤어요.

"이런, 푸름이가 쓰러졌구나!"
놀란 농부 아저씨는 푸름이를 일으키고
버팀목을 받쳐 주었어요.

든든이는 다시 선 푸름이를 보자 정말 기뻤어요.
"푸름아, 어서 기운을 내!"
하지만 푸름이는 고개를 흔들었어요.
"난 틀린 거 같아."
"무슨 소리야? 못난이인 나도 이렇게 잘 버텼는데!"
든든이는 푸름이에게 용기를 주려고 애썼어요.

농부 아저씨는 죽어 가는 푸름이를 보며 안타까워했어요.

든든이도 무척 슬펐어요.

하지만 농부 아저씨에게는 멋진 생각이 있었지요.

'뿌리가 건강한 든든이 가지에 아름다운 푸름이 가지를 접붙이는 거야.

그러면 푸름이가 살 수 있어.'

농부 아저씨는 든든이를 어루만지며 말했어요.

"든든아! 준비됐지?

푸름이랑 마음도 하나가 되어야 해."

든든이는 가지가 잘리는 아픔을 꾹 참아 냈답니다.

"푸름이 너도 잘 견뎌야지?"
농부 아저씨는 푸름이 가지도 잘랐어요.

마침내 든든이의 가지를 잘라 낸 곳에
푸름이의 가지가 접붙여졌어요.

"겁내지 마. 내가 꼭 잡아 줄게."
든든이는 푸름이를 안심시켰어요.
"고마워. 널 믿을게."
푸름이도 든든이를 꼬옥 붙잡았어요.

이제 든든이와 푸름이는 하나가 되었지요.
"너희 둘 정말 자랑스럽다."
농부 아저씨가 흐뭇하게 바라봤어요.

뿌리가 튼튼한 든든이,
가지가 아름다운 푸름이.
하나가 된 든든이와 푸름이는 예쁜 꽃을 피웠답니다.

틀림없이 가을에는 탐스러운 열매도 많이 맺을 거예요.

온누리사랑챔버의 연습실에는 늘 웃음꽃이 활짝 핍니다. 음악 지도를 맡은 자원봉사 선생님들과 단원들이 내뿜은 밝고 아름다운 힘이 가득하기 때문입니다. 지적장애인 단원들은 선생님들로 인해, 선생님들은 단원들로 인해 서로 위로를 받습니다.

얼마 전 온누리사랑챔버의 10주년 기념 공연이 있었습니다. 비장애인들이라면 어렵지 않게 연주했을 곡들을 이들은 10여 년이나 연습해 공연을 한 것입니다. 이들은 청중에게 감동적인 음악을 선물했을 뿐 아니라 특별한 표정의 연주, 특별한 몸짓의 지휘, 눈물로 뒷바라지하는 가족과 선생님들의 사랑을 함께 전달해 주었습니다.

이 책은 작년 여름 수련회 때 선생님들이 무대에 올린 연극을 통해 나누었던 은혜를 바탕으로 이야기를 재구성한 것입니다. 단원 10여 명이 직접 그림을 그려 더욱 의미 있는 그림 동화책이 되었습니다.

이 그림 동화처럼 그들의 연주는 나무가 되고 꽃을 피우고 열매를 맺습니다. 챔버팀은 든든이와 푸름이처럼 서로 돕고 보듬어 꽃을 피우는 모임입니다. 농부 아저씨의 사랑이 세상의 모든 든든이와 푸름이에게 따스하게 스며들기를 바랍니다. "그 가지들을 향해 자랑하지 마십시오. 자랑한다 할지라도 그대가 뿌리를 지탱하는 것이 아니라 뿌리가 그대를 지탱한다는 사실을 명심하십시오"(로마서 11: 18).

– 박소명

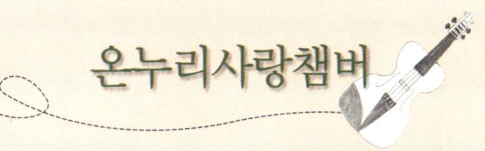

온누리사랑챔버

초등학교 2학년부터 장년까지 지적장애를 가진 단원으로 이루어진 챔버 오케스트라입니다. 바이올리니스트인 지휘자 손인경 선생님이 천재 음악가 장영주와 소년의 집 오케스트라가 협연하는 모습을 보고 감동하게 되면서부터 온누리사랑 챔버의 싹이 트기 시작했습니다. 1999년 온누리교회 하용조 목사님의 안내로 5명의 장애 아동이 모이고, 온누리사랑챔버가 창단되었습니다. 악기 지도를 돕는 30여 명의 선생님과 부모님이 함께 힘을 모았습니다. 의사소통의 어려움을 비롯한 여러 고비가 있었지만 현재 53명의 단원으로 구성된 챔버 오케스트라로 성장했습니다.

소년원과 병원, 대학교, 교회 무대에서 선보이는 이들의 연주는 많은 사람에게 위로와 감동을 줍니다. 활동의 영역도 커져 미국과 홍콩, 괌에 초청 연주를 다녀오기도 하고, 라디오나 TV에 출연하기도 했습니다. 영산 아트홀, 예술의 전당과 같은 전문인 연주 홀에서 열린 "To Know, To Love" 콘서트에 초대되는 영광을 얻기도 했습니다.

타인의 눈치를 보며 풀 죽어 지내던 장애인이라는 이름, 그 이름으로 이들은 오히려 세상을 따뜻하게 합니다. 챔버 단원의 가족들도 모임을 통해 마음이 회복되는 기쁨을 나누고 있습니다. 온누리사랑챔버와 맺은 인연을 바탕으로 전문 음악도의 길을 걷게 된 단원도 생겼습니다.

「든든이와 푸름이」는 회복되고 나누며 살아가는 이들의 이야기입니다.

추천사

연약함의 신비를 깨닫게 해 주는 축복의 통로 힘의 논리가 지배하며 경쟁하는 세상에서 연약한 존재로 살아가는 것은 매우 고통스러운 일입니다. 그래서 사람들은 고통을 피하고 싶은 방편으로 다양한 힘을 가지려고 합니다. 연약한 존재보다 강한 존재가 되고자 합니다. 그러나 아이러니하게도 예수님께서는 세상을 구원하려고 연약한 아기의 모습으로 이 땅에 오셨습니다. 그뿐만 아니라 연약한 종의 모습으로 우리 가운데 계셨고, 십자가에 달려 가장 연약한 모습으로 구원을 완성하셨습니다. 예수님께서는 한 알의 밀알이 땅에 떨어져 죽어야 한다고 말씀하시며 생명의 비결이 희생에 있음을 깨닫게 해 주셨습니다. 연약함과 희생은 세상에서 추구하는 가치는 아닌 것 같습니다. 그러나 생명을 살리는 귀중한 가치임에는 틀림없습니다. 부모가 자녀를 위해, 또 교사가 학생을 위해 연약한 자리에 앉고 희생의 삶을 사는 것은 분명 생명을 살리는 일입니다.

오래전 온누리교회에 지적장애인들이 중심이 된 챔버 오케스트라가 생긴 것은 축복의 시작이었습니다. 온누리사랑챔버는 많은 분에게 적지 않은 감동을 주었고, 연약함의 신비를 깊이 깨닫게 하였습니다. 또다시 온누리사랑챔버가 배경이 되어 탄생한 감동을 책으로 만날 수 있어 기쁩니다. 주일학교 교사로서 17년 동안 연약함의 자리에 머물러 계셨던 박소명 선생님, 장애인들의 음악공동체인 온누리사랑챔버를 지도하며 연약함의 신비를 직접 체험한 손인경 선생님, 그리고 함께한 챔버 오케스트라 구성원들이 힘을 모아 만든 「든든이와 푸름이」는 분명 모든 분들에게 연약함의 신비를 쉽게 깨닫게 해 줄 것입니다.

복음의 깊은 진리는 연약함에서 시작되고, 연약함으로 마무리됩니다. 비록 연약함의 신비를 깨닫기는 결코 쉽지 않지만 그 신비를 아는 것은 축복입니다! 「든든이와 푸름이」는 연약함의 신비를 깨닫게 해 주는 축복의 통로입니다. 특별히 자녀들에게 이 책을 권하고 싶습니다.

연약함의 진리를 깨닫고 싶은 **김해용** (한국장애인사역연구소 소장, 사랑의 교회 목사)

해맑고 따스한 이야기 여러 해 전부터 나는 사원들을 채용할 때 시를 색깔로 표현해 보도록 하고 있다. "눈이 부시게 푸르른 날은 그리운 사람을 그리워하자… 초록이 지쳐 단풍 드는데…."

개개인이 선호하는 색깔이나 그림의 구도는 그 사람의 인격이나 정신 건강 상태를 정직하게 드러낸다. 유명한 화가들도 자신이 좋아해 평생 쓰는 색깔이 있다. 「든든이와 푸름이」는 그런 면에서 밝고 화사한 색깔이라 할 것이다. 어린 시절 내내 들판과 숲 속을 뛰어다닌 박소명 선생님의 이야기는 초록색, 음악적 소양과 헌신적 사랑이 촉촉이 배어 있는 손인경 선생님의 손길은 노란색이라고나 할까. 아름다운 심성을 지닌 온누리사랑챔버 아이들이 함께 만든 작은 그림책 「든든이와 푸름이」는 이기적이고 자기만 아는 요즘 세상에 분명 산소 같은 신선함을 선사할 것이다.

시와 음악과 그림이 만나 절묘한 화음을 만들어 낸 「든든이와 푸름이」는 하나님이 우리에게 주신 아름답고 선한 감성의 향연으로 이끄는 이정표가 될 것이다. 또한 잊고 있던 우리의 본래 모습을 찾게 도와줄 것이다.

한동수 (한국색채문화진흥재단 회장, 어린이 컬러스쿨 교장)